Vicens Vives
Educación Primaria

PRIMER CICLO SEGUNDO CURSO
ACTIVIDADES 2

Matemáticas 2

J. FRAILE MARTÍN

MUNDO DE COLORES

1 Completa.

centenas	número	nombre
7	700	setecientos
......	....	doscientos
4	....	....
......	600	....
......	....	quinientos
3	....	....
......	100	....
......	....	novecientos
8	....	....

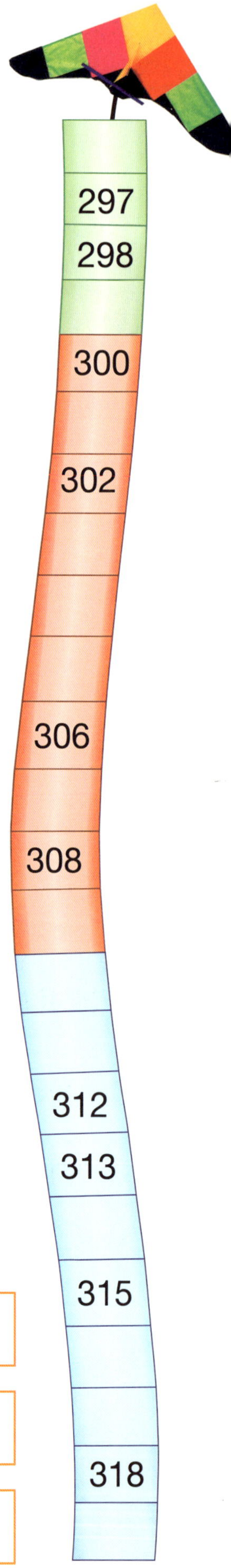

2 Une en orden.

100 → 200   400   500   900   300   600   700   800

3 Escribe el número anterior y el siguiente.

359	360	361
	100	
	399	

	360	
	360	
	360	

	360	
	360	
	360	

1 Las centenas. Serie numérica. 2 Contar de 100 en 100. 3 Número anterior y posterior.

4 Completa.

....	200 + 70 + 7	....
310	.... + ...	....
....	.... + ... + ...	cuatrocientos veintitrés
....	300 + 60 + 9	....
450	.... + ...	....
....	.... + ...	doscientos ocho

5 Suma y resta centenas.

200 + 200 = ...

300 + 300 = ...

700 + 200 = ...

200 + 300 = ...

600 – 200 = ...

400 – 200 = ...

600 – 500 = ...

800 – 300 = ...

200	500	300	300	600
200	300	200	100	100
+ 100	+ 100	+ 300	+ 200	+ 200
....	....	....	....	....

6 Suma y resta.

17	25	15	46	34
31	24	8	24	47
+ 22	+ 23	+ 12	+ 7	+ 15
....	....	....	....	....

123	405	657	146	524
+ 321	+ 271	+ 32	+ 432	+ 35
....	....	....	....	....

658	731		947	651
– 141	– 500		– 532	– 30
....	....		....	....

7 Escribe el signo < o >.

357 [>] 353	192 [ ] 292	327 [ ] 357
208 [ ] 280	439 [ ] 437	294 [ ] 492
320 [ ] 321	340 [ ] 430	217 [ ] 216

8 Completa el número para que cumpla la condición.

485 < 4 [ ] 5	342 > 34 [ ]
273 > [ ] 73	831 < [ ] 31

6 Suma y resta con números de tres cifras. 7 y 8 Comparación de números de tres cifras. Uso de los signos < y >.

9 Un euro son 100 céntimos. Rosa tiene 1 euro.

si compra	le sobrarán
80 céntimos 	.... céntimos
 40 céntimos	.... céntimos
30 céntimos 	.... céntimos
 20 céntimos	.... céntimos
50 céntimos 	.... céntimos
20 céntimos 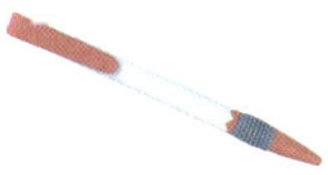  50 céntimos	.... céntimos

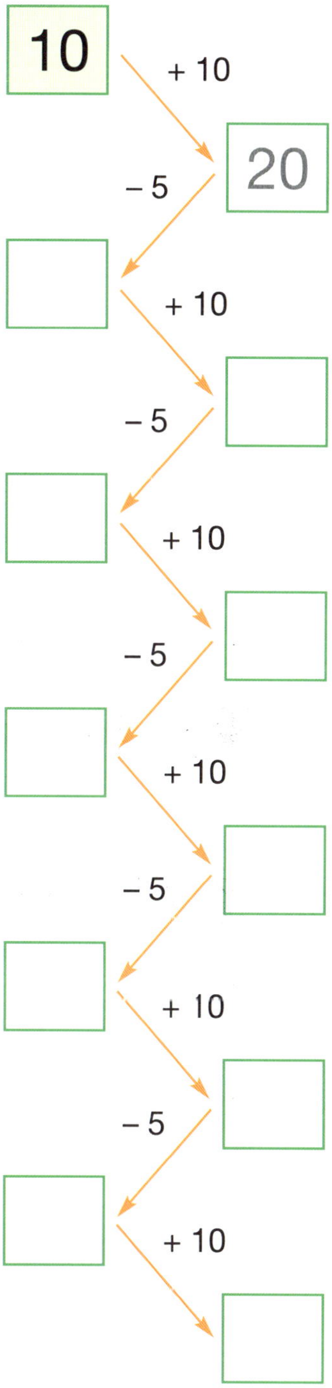

10 Completa la serie.

11 Coloca y resuelve.

751 − 230	639 − 407	342 + 625	138 + 331
751 − 230 ………			

33 + 45 + 11	42 + 15 + 24	46 + 2 + 35	23 + 25 + 42

12 Une los números en orden. Cuenta de 10 en 10.

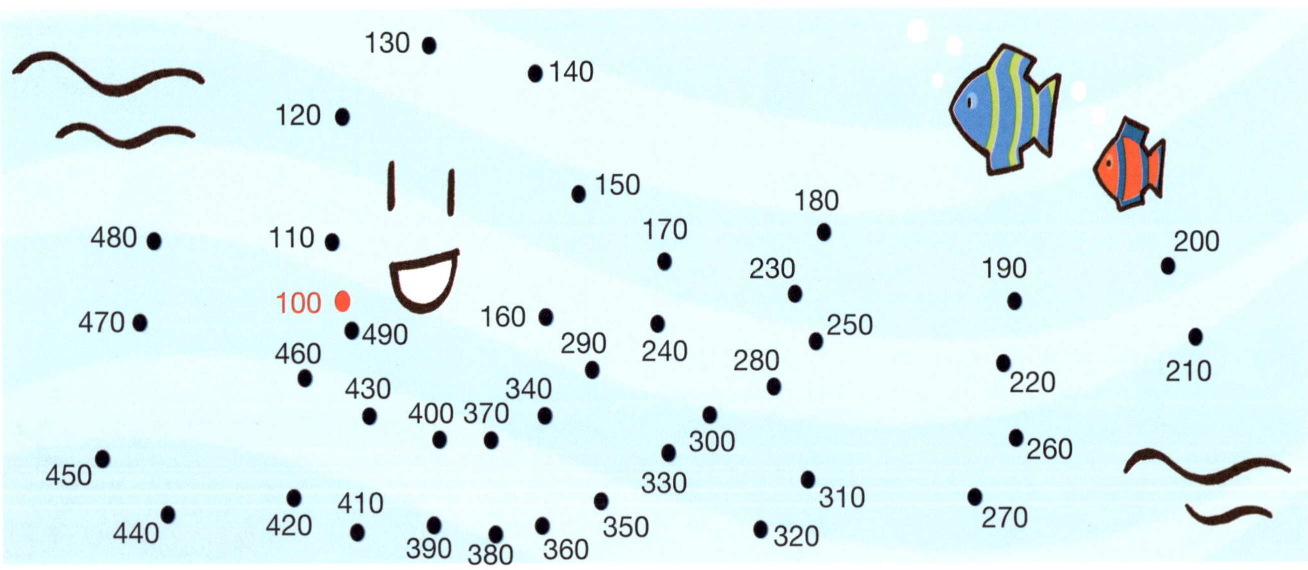

11 Algoritmo de la suma y de la resta con números de dos y tres cifras. **12** Serie: contar de 10 en 10.

13 Elige la operación y resuelve.

- En una floristería tienen 26 claveles rojos, 35 claveles rosas y 12 claveles amarillos. ¿Cuántos claveles tienen en total?

Operación:

Tienen .... claveles.

- En un tren viajan 276 pasajeros. Si bajan 115, ¿cuántos pasajeros quedan en el tren?

Operación:

Quedan .... pasajeros.

- En un colegio hay 245 niños y 134 niñas. ¿Cuántos alumnos hay en total?

Operación:

Hay .... alumnos.

- En un hotel hay 158 habitaciones. Si 46 están vacías, ¿cuántas están ocupadas?

Operación:

Hay .... ocupadas.

13 Resolución de problemas: sumas y restas con números de dos y tres cifras.

1 Resta.

82 − 4 = ...	72 − 5 = ...	35 − 7 = ...	40 − 9 = ...	72 − 6 = ...
65 − 8 = ...	50 − 6 = ...	21 − 9 = ...	32 − 8 = ...	94 − 7 = ...

2 Relaciona. ¿Qué he comprado?

pago con	me devuelven
	1 céntimo
	5 céntimos
	5 céntimos
	1 céntimo
	1 céntimo
	5 céntimos

45 céntimos 

19 céntimos 

15 céntimos 

5 céntimos 

49 céntimos 

9 céntimos 

1 Restas llevando: dos cifras menos una cifra. 2 Cálculo mental: precios y devoluciones.

3 Resta.

94 − 56 = ...	91 − 38 = ...	74 − 27 = ...	50 − 23 = ...	60 − 21 = ...
91 − 61 = ...	42 − 19 = ...	77 − 45 = ...	52 − 23 = ...	70 − 29 = ...
85 − 18 = ...	30 − 15 = ...	56 − 34 = ...	43 − 27 = ...	31 − 27 = ...

4 Completa.

suman 50	
45	5
49	
42	
44	
47	

suman 100	
80	20
50	
30	
60	
90	

suman 100		
40	20	40
10	30	
70	10	
20	30	
90	5	

605 – 604 – 603 – ☐ – ☐ – ☐ – ☐ – ☐

3 Restas llevando y sin llevar 4 Complementarios de 50 y de 100. Serie decreciente.

5 Suma y resta.

52 + 19 = ...	73 − 28 = ...	15 + 25 = ...	70 − 16 = ...	61 − 39 = ...
38 + 29 = ...	46 + 35 = ...	28 + 48 = ...	91 − 32 = ...	63 − 27 = ...
50 − 22 = ...	83 − 45 = ...	67 − 59 = ...	35 + 25 = ...	27 + 43 = ...

6 Completa.

+ 10

37	47
59	
61	
	24
	95
43	
12	
	88

+ 5

35	40
65	
50	
30	
	20
	75
	45
	80

doble

2	4
5	
3	
4	
8	
6	
7	
9	

5 Sumas y restas llevando. 6 Sumar 10 y 5. Dobles hasta 9 + 9.

7 Completa los enunciados y resuelve.

Me han regalado 2 cochecitos.

Ahora tengo ...... cochecitos.

¿Cuántos tenía antes?

...... ☐ ...... = ...

Antes tenía ...... cochecitos.

Me he comido 5 fresas.

Ahora quedan ...... fresas.

¿Cuántas fresas había antes?

...... ☐ ...... = ...

Antes había ...... fresas.

Ayer tenía 9 galletas.

Ahora me quedan .... galletas.

¿Cuántas me he comido?

...... ☐ ...... = ...

Me he comido ...... galletas.

Ayer tenía 4 nueces.

Ahora tengo .... nueces.

¿Cuántas me han dado?

...... ☐ ...... = ...

Me han dado ...... nueces.

7 Problemas con incógnita en la acción o en la situación inicial: dibujar o tachar.

8 Coloca en vertical y resta.

38 – 19	52 – 36	81 – 74	50 – 17
38 – 19			
43 – 9	70 – 23	62 – 48	85 – 66

9 Cuenta de 5 en 5. Une los puntos en orden.

8 Algoritmo de la resta llevando. **9** Serie numérica: contar de 5 en 5 hasta el 700.

10 Elige la operación y resuelve.

Ayer había 65 almendras y hoy quedan 38. ¿Cuántas nos hemos comido?

Operación:

Solución: ....

Si me dan 25 céntimos, tendré 70. ¿Cuántos céntimos tengo ahora?

Operación:

Solución: ....

Me han regalado 15 cromos. Ahora tengo 63. ¿Cuántos cromos tenía antes?

Operación:

Solución: ....

Tenía 50 céntimos y ahora me quedan 28. ¿Cuántos céntimos he gastado?

Operación:

Solución: ....

1 Suma y multiplica.

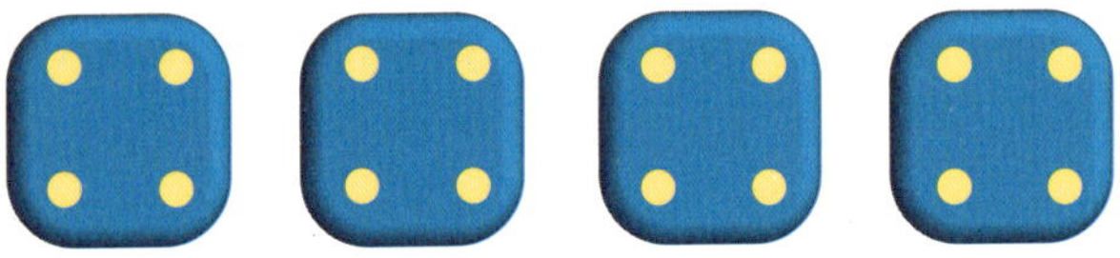

4 + 4 + 4 + 4

4 veces 4 son ......

2 × 4 = ...

3 + 3 + 3

3 veces 3 son ......

3 × 3 = ...

5 + 5 + 5 + 5 + 5

5 veces 5 son ....

5 × 5 = ...

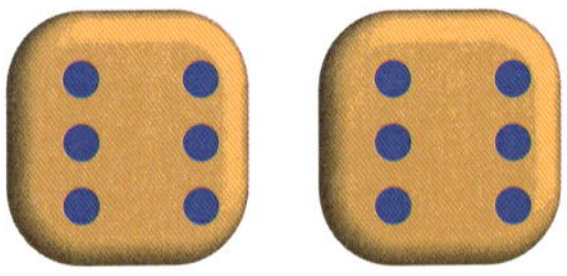

6 + 6

2 veces 6 son ....

2 × 6 = ...

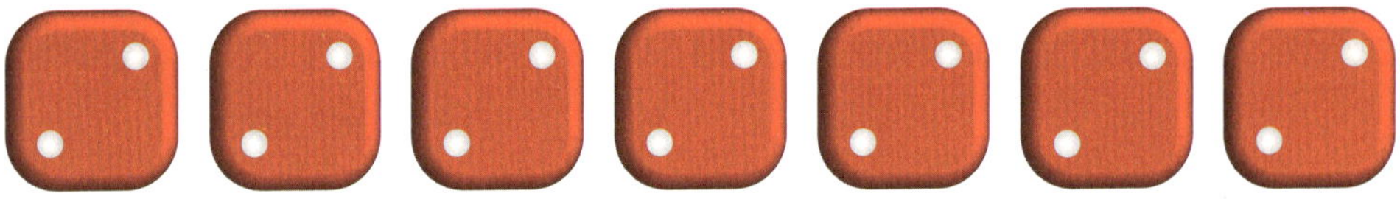

2 + 2 + 2 + 2 + 2 + 2 + 2

7 veces 2 son ....

7 × 2 = ...

3 veces 5	5 + 5 + 5 = ...	3 × 5 = ...
5 veces 3	....	...... × ...... = ...
4 veces 2	....	...... × ...... = ...
2 veces 4	....	...... × ...... = ...

1 La multiplicación como suma de sumandos iguales.

2 Suma y multiplica.

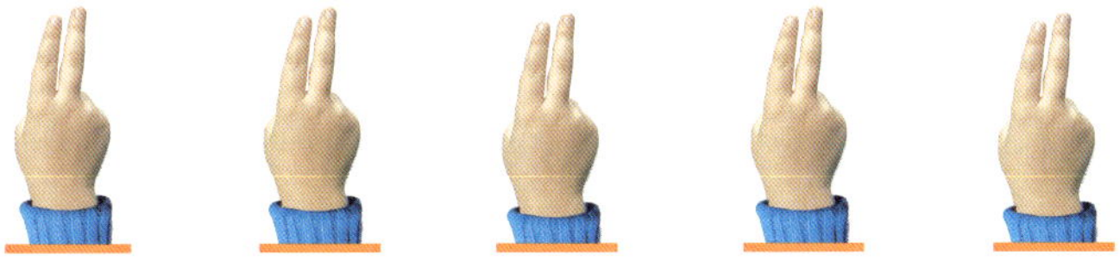

...... veces ......

.... + ... + ... + ... + ...

...... × ...... = ...

...... veces ......

...... + ... + ...

...... × ...... = ...

...... veces ......

...... + ... + ... + ... + ...

...... × ...... = ...

3 Suma y resta.

48	26	87	37	63
+ 15	+ 24	+ 16	+ 11	– 39
....	....	....	....	....
60	51	54	42	17
– 27	– 15	+ 29	– 28	+ 43
....	....	....	....	....
47	68	75	47	59
– 9	+ 8	– 19	+ 47	+ 39
....	....	....	....	....

2 La multiplicación como suma de sumandos iguales. 3 Sumas y restas.

4 Completa y multiplica.

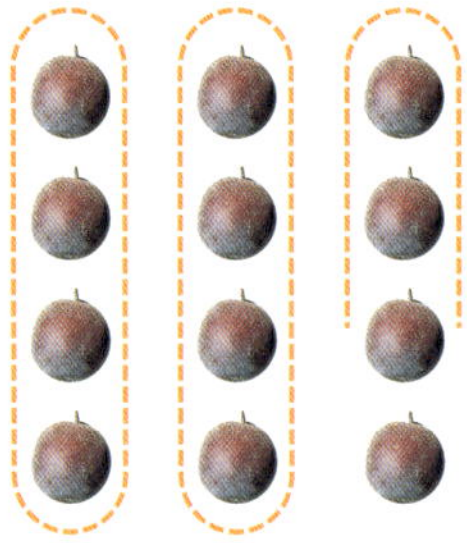

3 grupos de ...... ciruelas

3 × ...... = ...

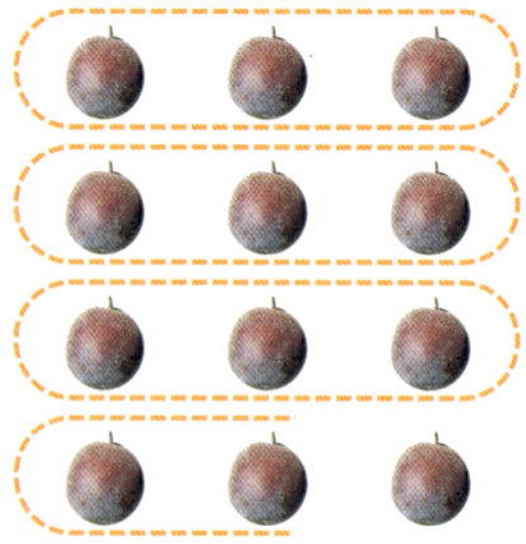

4 grupos de ...... ciruelas

4 × ...... = ...

grupos de ...... peras

...... × ...... = ...

grupos de ...... peras

...... × ...... = ...

5 Completa las tablas.

2 × 1	2 × 2	2 × 3	2 × 4	2 × 5	2 × 6	2 × 7	2 × 8	2 × 9	2 × 10
2	4								

+ 2 + 2 + 2 + 2 + 2 + 2 + 2 + 2 + 2

3 × 1	3 × 2	3 × 3	3 × 4	3 × 5	3 × 6	3 × 7	3 × 8	3 × 9	3 × 10
3	6								

+ 3 + 3 + 3 + 3 + 3 + 3 + 3 + 3 + 3

4 Propiedad conmutativa de la multiplicación. 5 Tablas del 2 y del 3.

6 Escribe la multiplicación y resuelve.

5 + 5 + 5	3 × 5 = ...
2 + 2 + 2 + 2	...... × ...... = ...
4 + 4 + 4 + 4	...... × ...... = ...
8 + 8	...... × ...... = ...
5 + 5 + 5 + 5	...... × ...... = ...
6 + 6 + 6	...... × ...... = ...
2 + 2 + 2 + 2 + 2	...... × ...... = ...

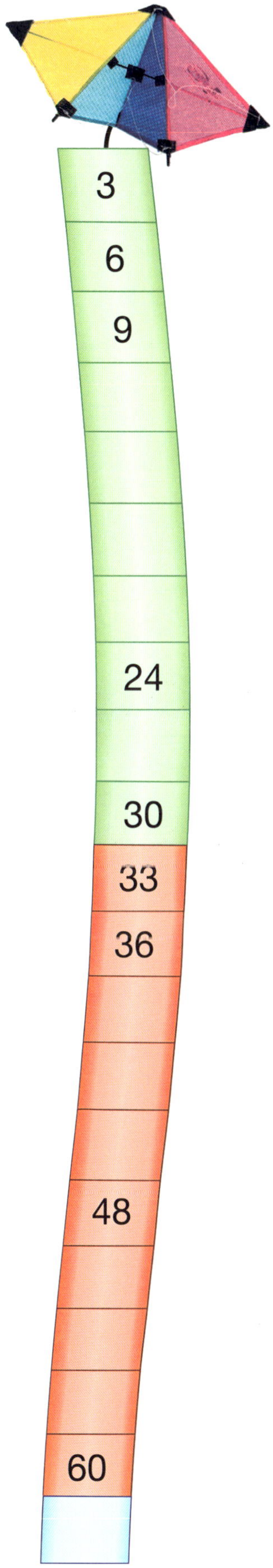

7 Escribe el signo +, – o × que corresponda.

2 ☐ 4 = 8
4 ☐ 2 = 6
4 ☐ 2 = 2

5 ☐ 3 = 2
6 ☐ 3 = 9
2 ☐ 3 = 6

5 ☐ 3 = 8
5 ☐ 3 = 2
3 ☐ 5 = 15

2 ☐ 1 = 3
2 ☐ 1 = 1
2 ☐ 1 = 2

2 ☐ 8 = 16
8 ☐ 2 = 6
2 ☐ 8 = 10

3 ☐ 4 = 7
3 ☐ 4 = 12
4 ☐ 3 = 1

6 ☐ 2 = 4
2 ☐ 6 = 12
2 ☐ 6 = 8

6 La multiplicación como suma de sumandos iguales. Serie numérica. **7** Cálculo mental.

8 Suma y resta.

461	328	206	430	343
+ 133	+ 410	+ 373	+ 407	+ 415
....	....	....	....	....

865	385	596	738	389
− 425	− 73	− 405	− 516	− 123
....	....	....	....	....

9 Dibuja y resuelve.

- ¿Cuántos botones hay en 4 cartones de 3 botones?

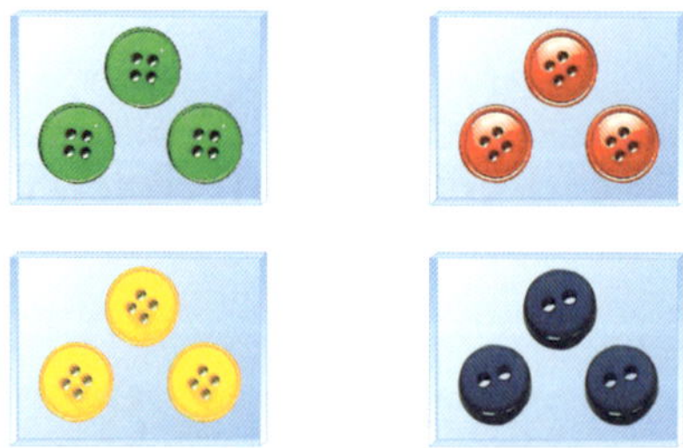

$4 \times 3 =$ ....

Hay .... botones.

- ¿Cuántas canicas hay en 5 cajas de 4 canicas?

...... × ...... = ...

Hay .... canicas.

- ¿Cuántos bombones hay en 3 cajas de 6 bombones?

...... × ...... = ...

Hay .... bombones.

8 Sumas y restas con números de tres cifras. **9** Problemas de multiplicación: resolución gráfica.

10 Inventa problemas y resuelve.

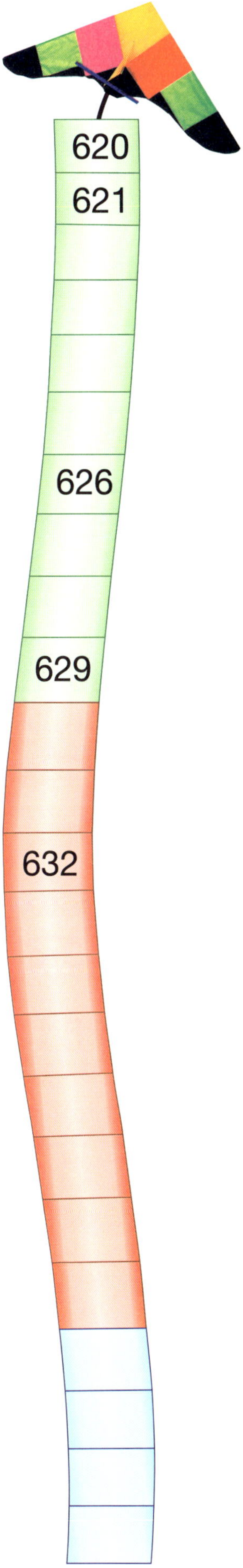

- ....

....

Operación: 5 + 6 = ...

Solución: ....

- ....

....

Operación: 8 – 2 = ...

Solución: ....

- ....

....

Operación: 10 + 2 = ...

Solución: ....

- ....

....

Operación: 20 – 5 = ...

Solución: ....

10 Problemas: escribir el enunciado a partir de la operación. Serie numérica.

1 Completa las tablas.

1 × 0 = 0		2 × 0 = 0
1 × 1 = ...	+ 1	2 × 1 = ...	+ 2
1 × 2 = ...	+ 1	2 × 2 = ...	+ 2
1 × 3 = ...	+ 1	2 × 3 = ...	+ 2
1 × 4 = ...	+ 1	2 × 4 = ...	+ 2
1 × 5 = ...	+ 1	2 × 5 = ...	+ 2
1 × 6 = ...	+ 1	2 × 6 = ...	+ 2
1 × 7 = ...	+ 1	2 × 7 = ...	+ 2
1 × 8 = ...	+ 1	2 × 8 = ...	+ 2
1 × 9 = ...	+ 1	2 × 9 = ...	+ 2
1 × 10 = ...	+ 1	2 × 10 = ...	+ 2

2 Ordena de menor a mayor.

515 138 780 364 275 399 552 ~~109~~ 753 610 250 525

109											

3 Ordena de mayor a menor.

239 609 901 510 678 853 ~~910~~ 430 555 700 830 631

910											

1 Tablas del 1 y del 2. 2 y 3 Orden en los números de tres cifras.

4 Completa.

3 × 0 = 0
3 × 1 = ...
3 × 2 = ...
3 × 3 = ...
3 × 4 = ...
3 × 5 = ...
3 × 6 = ...
3 × 7 = ...
3 × 8 = ...
3 × 9 = ...
3 × 10 = ...

(+ 3, + 3, + 3, + 3, + 3, + 3, + 3, + 3, + 3, + 3)

1 × ...... = 8
1 × ...... = 6
2 × ...... = 4
2 × ...... = 10
3 × .... = 30
2 × ...... = 18
3 × ...... = 21
2 × ...... = 12
3 × ...... = 15
1 × ...... = 0

5 Rodea los números que suman la cantidad indicada.

563	60	4	500	30	200	3
487	7	800	70	400	80	9
835	5	30	300	50	800	4
946	100	6	60	900	40	1
607	20	7	700	30	2	600
720	7	20	2	700	70	200

4 Tabla del 3. Factor ausente en las tablas. 5 Descomposición de números de tres cifras.

6 Completa las tablas.

5 × 0 = 0		10 × 0 = 0	
5 × 1 = ...	+ 5	10 × 1 = ...	+ 10
5 × 2 = ...	+ 5	10 × 2 = ...	+ 10
5 × 3 = ...	+ 5	10 × 3 = ...	+ 10
5 × 4 = ...	+ 5	10 × 4 = ...	+ 10
5 × 5 = ...	+ 5	10 × 5 = ...	+ 10
5 × 6 = ...	+ 5	10 × 6 = ...	+ 10
5 × 7 = ...	+ 5	10 × 7 = ...	+ 10
5 × 8 = ...	+ 5	10 × 8 = ...	+ 10
5 × 9 = ...	+ 5	10 × 9 = ...	+ 10
5 × 10 = ...	+ 5	10 × 10 = ...	+ 10

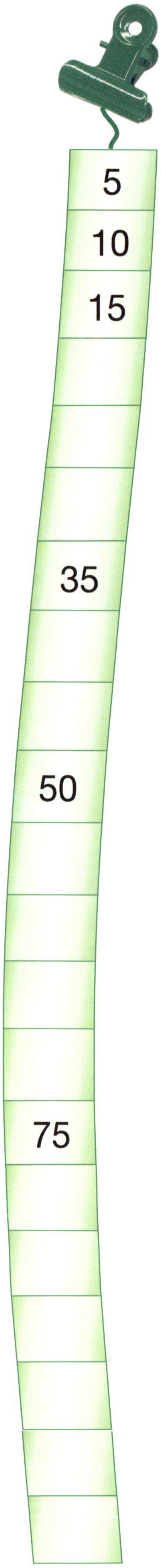

7 Suma.

$$\begin{array}{r} 47 \\ +\ 32 \\ \hline \dots\dots \end{array} \qquad \begin{array}{r} 56 \\ +\ 25 \\ \hline \dots\dots \end{array} \qquad \begin{array}{r} 63 \\ +\ 17 \\ \hline \dots\dots \end{array} \qquad \begin{array}{r} 29 \\ +\ 39 \\ \hline \dots\dots \end{array}$$

$$\begin{array}{r} 52 \\ 17 \\ +\ 6 \\ \hline \dots\dots \end{array} \qquad \begin{array}{r} 38 \\ 22 \\ +\ 14 \\ \hline \dots\dots \end{array} \qquad \begin{array}{r} 24 \\ 15 \\ +\ 23 \\ \hline \dots\dots \end{array} \qquad \begin{array}{r} 17 \\ 7 \\ +\ 21 \\ \hline \dots\dots \end{array}$$

6 Tablas del 5 y del 10. Serie numérica. 7 Práctica de la suma llevando.

8 Observa los precios y resuelve.

3 × 3 = ...

4 × ...... = ...

...... × ...... = ...

...... × ...... = ...

...... × ...... = ...

...... × ...... = ...

9 Escribe las operaciones.

6	+2	8		4		10
9		7		10		6
15		10		20		15

10 Elige la operación y resuelve.

Yo tengo 35 céntimos. Laura tiene 17 céntimos más que yo. ¿Cuántos céntimos tiene Laura?

Operación:

Solución: ....

Entre María y Jorge tienen 34 caramelos. Si María tiene 18, ¿cuántos caramelos tiene Jorge?

Operación:

Solución: ....

Tengo 41 años y mi hijo tiene 24 años menos que yo. ¿Cuántos años tiene mi hijo?

Operación:

Solución: ....

En una estantería hay 24 libros, en otra, 15 y en otra, 21. ¿Cuántos libros hay en total?

Operación:

Solución: ....

11 Efectúa las operaciones.

750 + 10 = ...

60 + 40 = ...

70 + 6 + 300 = ...

200 + 200 + 40 = ...

20 + 100 + 10 = ...

30 + 20 + 100 = ...

5 × 4 = ...

2 × 6 = ...

2 × 4 = ...

5 × 5 = ...

2 × 8 = ...

3 × 3 = ...

5 × 3 = ...

2 × 7 = ...

12 Resta.

75 − 49 = ...	32 − 16 = ...	87 − 54 = ...	43 − 28 = ...	64 − 34 = ...
80 − 27 = ...	92 − 9 = ...	53 − 25 = ...	40 − 7 = ...	71 − 39 = ...

13 Completa las sumas.

400 + ... + 8 = 458

.... + 50 + 2 = 252

300 + 70 + ... = 375

700 + ... + 6 = 776

.... + 20 + 2 = 222

800 + 40 + ... = 849

1 Suma.

371 + 256 = ………	137 + 33 = ………	264 + 539 = ………	559 + 173 = ………
486 + 24 = ………	745 + 147 = ………	696 + 82 = ………	429 + 452 = ………
827 + 46 = ………	250 + 453 = ………	607 + 137 = ………	387 + 365 = ………

2 Completa las tablas.

doble →

2	4
4	8
3	
5	
6	
8	
7	

mitad →

8	4
4	
10	
14	
12	
18	
6	

doble → / ← mitad

1	2
	12
9	
	4
10	
	16

1 Sumas llevando con números de tres cifras. 2 Cálculo mental: doble y mitad.

3 Suma.

42 + 67 = …………	53 + 57 = …………	84 + 41 = …………	56 + 32 = …………	76 + 72 = …………
39 + 92 = …………	67 + 54 = …………	36 + 36 = …………	79 + 28 = …………	28 + 37 = …………

4 Suma y resta.

400 + 20 = ……… 400 – 20 = ………

600 + 80 = ……… 600 – 80 = ………

700 + 50 = ……… 700 – 50 = ………

900 + 10 = ……… 900 – 10 = ………

500 + 40 = ……… 500 – 40 = ………

300 + 60 = ……… 300 – 60 = ………

5 Sigue la serie: cuenta de 10 en 10.

123 → 133 → 143 → ( ) → ( ) → ( ) → ( ) → ( ) → ( ) → ( ) → ( ) → ( ) → ( )

6 Suma.

537	178	316	448
150	124	35	133
+ 53	+ 301	+ 144	+ 121
....	....	....	....

627	234	107	254
52	125	57	103
+ 231	+ 36	+ 313	+ 246
....	....	....	....

7 Observa los precios. ¿Cuánto valen 5,...?

3 céntimos

6 céntimos

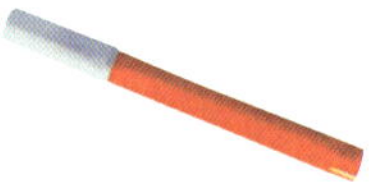
2 céntimos

4 céntimos

5  → 5 × 2 = ...

5  → ...... × ...... = ...

10  → .... × ...... = ...

2  → ...... × ...... = ...

3  → ...... × ...... = ...

2  → ...... × ...... = ...

6 Sumas de tres sumandos. 7 Problemas de multiplicación.

8 Escribe el precio que falta.

 + 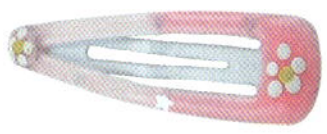 +  → 15 céntimos

6 céntimos | 4 céntimos | ...... céntimos

 +  + 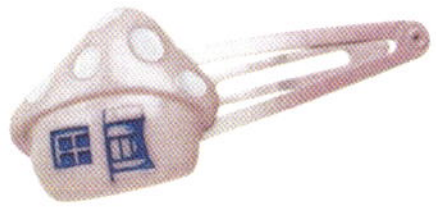 → 20 céntimos

7 céntimos | 3 céntimos | .... céntimos

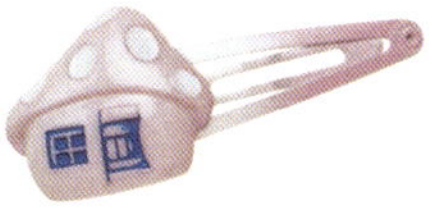 +  +  → 30 céntimos

10 céntimos | 15 céntimos | ...... céntimos

 +  +  → 38 céntimos

10 céntimos | 20 céntimos | ...... céntimos

9 Resta.

52	75	61	72	82
− 36	− 18	− 29	− 53	− 37
....	....	....	....	....
93	84	57	44	71
− 76	− 34	− 8	− 35	− 19
....	....	....	....	....

8 Cálculo mental: completar sumas de tres sumandos. 9 Práctica de la resta llevando.

10 Rodea el dinero que llevaba en cada caso.

10 céntimos

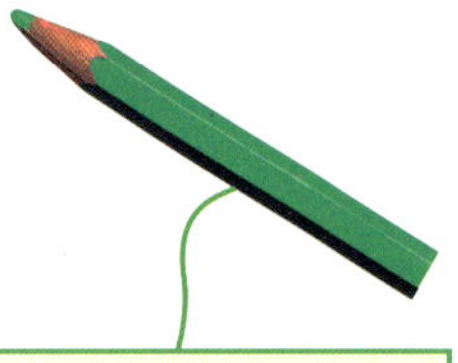

20 céntimos

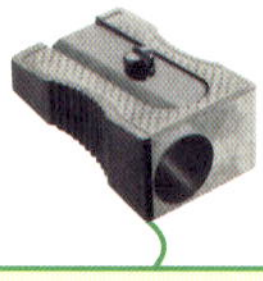

30 céntimos

5 céntimos

Compro 

y me sobra dinero.

10 céntimos	15 céntimos
20 céntimos	

Compro 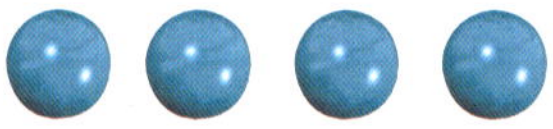
y NO me sobra nada.

20 céntimos	10 céntimos
25 céntimos	

Compro 
y NO me sobra nada.

60 céntimos	50 céntimos
45 céntimos	

Compro 

y me sobra dinero.

40 céntimos	25 céntimos
30 céntimos	

Compro 
y NO me sobra nada.

60 céntimos	50 céntimos
80 céntimos	

Compro 

y me sobra dinero.

40 céntimos	20 céntimos
15 céntimos	

11 Escribe la pregunta y resuelve.

- Jorge tiene 55 céntimos y Ana tiene 27 céntimos más que Jorge.

¿..

....?

Solución: ....

$$\begin{array}{r} 55 \\ +\ 27 \\ \hline \text{..........} \end{array}$$

- Bajan 17 personas del autobús y todavía quedan 18.

¿..

....?

Solución: ....

$$\begin{array}{r} 17 \\ +\ 18 \\ \hline \text{..........} \end{array}$$

- Si me regalan 25 cromos, tendré 60.

¿..

....?

Solución: ....

$$\begin{array}{r} 60 \\ -\ 25 \\ \hline \text{..........} \end{array}$$

- Juan y Marta tienen 52 canicas entre los dos. Marta tiene 37 canicas.

¿..

....?

Solución: ....

$$\begin{array}{r} 52 \\ -\ 37 \\ \hline \text{..........} \end{array}$$

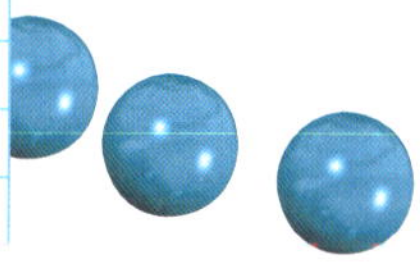

11 Deducir la pregunta a partir de los datos y de la operación.

Ilustrado por: David Maynar.

Este libro está impreso en papel ecológico reciclable y con tintas exentas de elementos pesados solubles contaminantes (*Plomo, Antimonio, Arsénico, Bario, Cadmio, Cromo, Mercurio y Selenio*), que cumplen con la Directiva Europea 88/378/UE, según la norma revisada EN/71.

Ilustración de la cubierta: Kaffa

Primera edición, 2007

Depósito Legal: B. 5.428-2007
ISBN: 978-84-316-6412-1
Nº de Orden V.V.: Y-399

Editorial VICENS VIVES. Avda. de Sarriá, 130. E-08017 Barcelona.
Impreso por Gráficas INSTAR, S.A.